A oração do Coração de Jesus

PADRE LUIZ ROBERTO TEIXEIRA DI LASCIO

A oração do Coração de Jesus

Edições Loyola

Preparação: Carolina Rubira
Capa: Ronaldo Hideo Inoue
   Sagrado Coração de Jesus. Composição
   a partir de detalhe da imagem generativa
   de © xavmir2020. © Adobe Stock.
Diagramação: Desígnios Editoriais
Imagens do miolo: © vgorbash e © bernardojbp. © Adobe Stock.

Edições Loyola Jesuítas
Rua 1822 nº 341 – Ipiranga
04216-000 São Paulo, SP
T 55 11 3385 8500/8501, 2063 4275
editorial@loyola.com.br
vendas@loyola.com.br
www.loyola.com.br

Todos os direitos reservados. Nenhuma parte desta obra pode ser reproduzida ou transmitida por qualquer forma e/ou quaisquer meios (eletrônico ou mecânico, incluindo fotocópia e gravação) ou arquivada em qualquer sistema ou banco de dados sem permissão escrita da Editora.

ISBN 978-65-5504-349-5

© EDIÇÕES LOYOLA, São Paulo, Brasil, 2024

110533

Sumário

CAPÍTULO UM

A oração do Coração de Jesus

1. Introdução 11
2. Jesus e sua paixão pela oração 12
3. O repouso do coração 14
4. O Coração de Jesus, santuário do Pai 16
5. A graça da filiação divina 18
6. O valor do silêncio do coração 23
7. O fascínio de Jesus pelo Pai e o amor para com os pobres 24
8. O sofrimento do Coração de Jesus 28
9. Jesus escutava com o Coração 31
10. Conclusão 33

CAPÍTULO DOIS

Faça-se a santa vontade de Deus

1. Oração de entrega à vontade de Deus 46
2. Conclusão 57

CAPÍTULO TRÊS

A novena do pai-nosso

1. Apresentação 63
2. Introdução 64
3. A arca do tesouro 66
4. O criador da oração 69
5. Vidas são transformadas 70
6. Explicando o termo "novena" 72
7. A dinâmica inter-relacional da novena 74
8. O despertar consciente da fé 75

9. O que é necessário para se alcançar a graça desejada? 77
10. A fé, alavanca da oração 78
11. Uma oração de cura e libertação 79
12. Um novo sentido à oração do pai-nosso 83
13. Roteiro da novena do pai-nosso 86
14. Passos para a oração (sugestões) 89
15. Preparação para a novena 91
16. Conclusão 93

CAPÍTULO UM

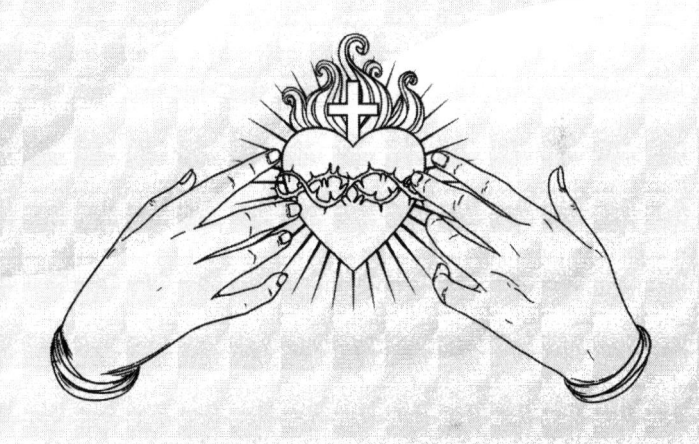

A oração do Coração de Jesus

Quem se sente amado

passeia no coração

de quem o ama

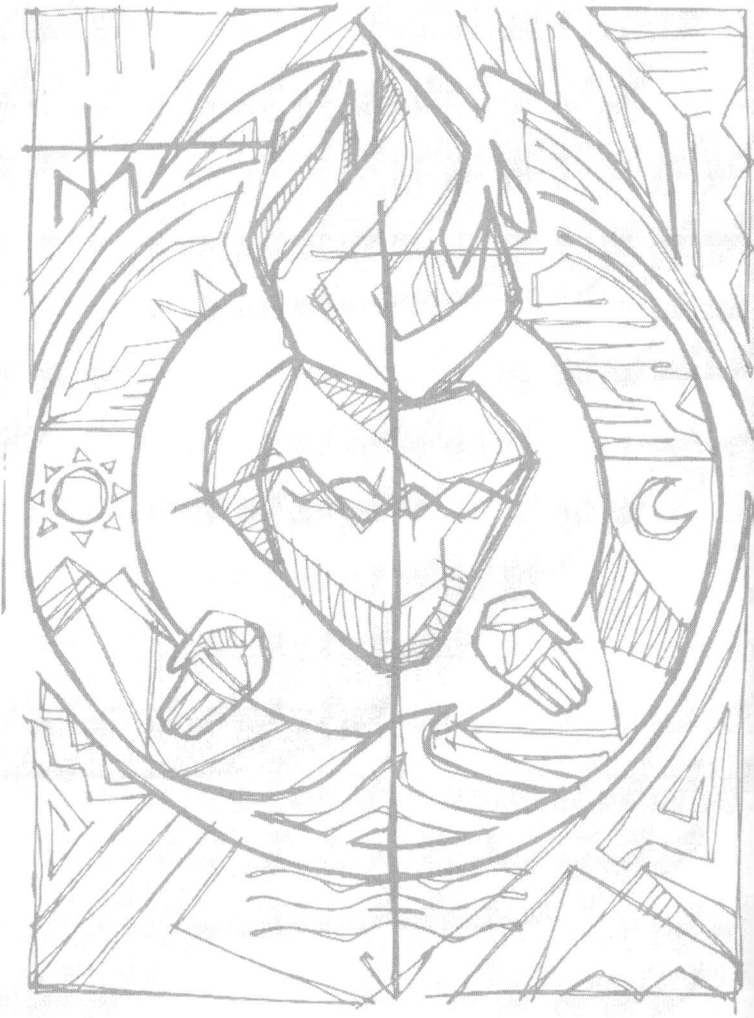

1
Introdução

Quando um convite vem e Deus toca a alma, isso é o sinal de uma moção do Espírito Santo. Ela vem acompanhada de serenidade interior e, assim, torna-se irrecusável, ainda mais quando se sabe que isso poderá ser um apelo para a evangelização.

O pedido feito pelo padre Eliomar Ribeiro me pegou de surpresa especialmente porque foi feito ao vivo, durante uma *live* sobre São José da qual nós participamos. Surpreso pelo convite feito ao vivo, não tive como recusar, ainda mais se tratando de um tema sobre o Sagrado Coração de Jesus.

Daí nasceu a ideia deste livro, que brotou das minhas entranhas e que partilho com o leitor, na esperança de que seja este um instrumento que lhe ajude em seu crescimento e na maturidade da fé, além de um afervoramento apaixonante pelo Sagrado Coração de Jesus.

2
Jesus e sua paixão pela oração

A verdadeira oração brota do coração. O coração é o sacrário da graça no qual se escondem os tesouros divinos. Teria Jesus uma oração preferida em seu coração? Sem dúvida podemos afirmar que sim, pelo modo como ele compôs e ensinou a oração do pai-nosso.

Para Jesus, a oração era um valor absoluto e insubstituível. Era o alimento essencial para manter viva a centelha de amor para com o seu *Abbá* (pai). Esse contato é que o enchia de coragem para continuar fiel à sua missão, um verdadeiro devotamento pelo Reino de Deus.

Ao pesquisarmos a trajetória da vida e missão de Jesus, constatamos o quanto ele priorizava os momentos de oração. Essa prática ficou marcante na vida dos apóstolos e da comunidade de discípulos dos primórdios do cristianismo, estendendo-se até os cristãos de hoje.

Jesus era um homem de oração. Passava longas horas e noites a fio, rezando. Era um apaixonado pelo silêncio e pela escuta do coração, em que se revelava o verdadeiro rosto e a vontade do Pai amado.

A oração é o vínculo da amizade com Deus e com os seres humanos. Rezar é criar laços humanos e afetivos. É relacionar-se. É deixar-se envolver nos meandros do amor, conforme nos lembra o profeta Oseias (Os 1,4). Quanto mais nos dedicamos à oração, mais se fortalecem os vínculos de amor a Deus e os sentimentos do quanto somos amados e queridos por ele.

3
O repouso do coração

Ao longo do dia, a qualquer momento, podemos entrar no santuário de nosso coração, na intimidade com Deus. Postados em uma posição confortável, fechemos os olhos e prestemos atenção em nossa respiração. Acalmemo-nos. Essa postura de silêncio e recolhimento, no exercício de respiração calma e compassada, ajuda-nos a limpar os pensamentos das preocupações e inquietações. Deixemos esse silêncio tomar conta de todo o nosso ser e que este estado de quietude nos propicie encontrar a verdadeira paz em Deus.

É muito bom termos diante de nós uma estampa ou imagem do Sagrado Coração de Jesus! Contemplando-o, observemos o pulsar lento e leve de nosso coração... Sintonizemos o nosso coração com o de Jesus. Acompanhemos o ritmo, os batimentos alinhados dos corações: o nosso com o de Jesus. Eles pulsam em sintonia.

E, ao inspirar o ar, pronunciemos mentalmente JE, e na expiração, SUS. Sempre pausada e continuamente: JE... SUS...

E assim, vamos adentrando cada vez mais no silêncio do Coração de Jesus, até nos deixarmos ser tomados pelo Amor Divino. Permitamo-nos ser amados, deixemo-nos ser guiados pelo Espírito Santo. "Por isso o Espírito vem em auxílio de nossa fraqueza, porque ainda não sabemos como devemos rezar. Mas o próprio Espírito intercede por nós" (Rm 8,26-28). MARANA TÁ [Vem, Senhor Jesus! (Ap 22,20)].

4
O Coração de Jesus, santuário do Pai

Para Jesus, a oração era o alimento que o fortalecia, na fé, o sustento de sua confiança no projeto do Pai. Um elo, um cordão umbilical que mantinha esse vínculo de amor entre a paternidade e a filiação.

Para nós, é o canal por onde corre a seiva da ternura e misericórdia que brota do Sacratíssimo Coração de Jesus. Cada pulsar do coração é uma renovação da aliança entre aquele que ama e aquele que é amado. Quem se sente amado passeia no coração de quem o ama.

O Coração de Jesus é onde se realiza o encontro com o Pai. A imagem da sarça ardente no Monte Horeb nos ajuda a compreender a profundidade e a beleza de estar na presença viva de Deus. É preciso tirarmos as sandálias para adentrar esse lugar sagrado... Despirmo-nos de tudo o que não é de Deus e revestirmo-nos de humildade e simplicidade.

É preciso deixarmo-nos conduzir pelo mistério inefável do sopro divino, como o fogo que arde em chamas vivas que não se extinguem... Mistério que fascina... Essa luz não nos causa medo, mas, antes, deslumbramento e comoção. Pois podemos aí, sentir a força do amor de Deus, que nos contagia e plenifica.

"Não se perturbe o vosso coração! Credes em Deus, crede também em mim. Há muitos lugares na casa de meu Pai" (Jo 14,1-2a).
A casa do Pai é o Coração de Jesus e nela há muitas moradas.
"Vinde a mim, vós todos que estais oprimidos de trabalhos e sobrecarregados e eu vos aliviarei. Tomai sobre vós o meu

jugo e aprendei de mim, que sou manso e humilde de coração, e encontrareis repouso para vossas almas" (Mt 11,28-29).

O Coração de Jesus é o grande santuário do Pai, onde ele é adorado e glorificado. As moradas são como nichos onde se encontram os atributos de Deus e formam um lindo e gracioso mosaico espiritual.

5
A graça da filiação divina

A oração do Senhor, o pai-nosso, é a oração por excelência, o testamento que Jesus nos deixou como memória viva de sua ressureição e presença entre nós. É a confirmação de ser essa sua oração predileta, verdadeiro elo que o impulsionava a viver para fazer a vontade do Pai, a serviço daqueles que ele encontrava pelo caminho ou dos que dele se aproximavam.

O centro da oração do Coração de Jesus é o Pai e sua glória. Daí decorrem os demais pontos de devoção da oração: a santificação do nome de Deus, o seu reino, a sua vontade... A partilha do pão cotidiano, a superação das provações e tentações, o livramento de todo mal.

Fascinante é a ousadia que Jesus ensinava a ter para chamar a Deus de *"Abbá"*, papai. E a consciência de possuirmos um coração filial, aberto, bom, limpo, amoroso e confiante diante de tanta bondade do Deus Altíssimo.

Na oração do pai-nosso é o Filho que ora ao Pai no ardor do Espírito Santo. Acontece um entrelaçamento místico, uma vitalidade que impregna todo o ser de Jesus, que o impele a mergulhar nas profundezas e permanecer em comunhão e no encantamento da adoração perpétua.

É uma oração que repassa a medula do ser e penetra na alma humana como uma espada afiada, cortando todo mal e todo pecado pela raiz, cauterizando as feridas pelo poder do fogo do Espírito Santo.

A oração do Coração de Jesus é um itinerário de sabedoria, o elo místico que mantém uma estreita ligação entre o orante e Deus Pai, através de Jesus Ressuscitado, no Espírito Santo.

É a comunhão do *"Abbá"*, eterno e onipotente, com a humanidade. "Este é o meu filho predileto, no qual encontro toda a minha satisfação" (Mt 3,17). Assim se confirmou: "O Pai e eu somos um" (Jo 10,30) e "Eu estou no Pai e o Pai em mim" (cf. Jo 14,20).

Essa mesma declaração de amor se estende a todos nós batizados e é renovada todos os anos na comemoração do dia do nosso batismo. Nela, concentra-se toda força do Espírito Santo, que preenche o cristão da fortaleza divina e renova nele a aliança de amor que foi selada por Deus naquele dia, no ato do mergulho nas sagradas águas da pia batismal: "Eu te batizo em nome do Pai, e do Filho e do Espírito Santo".

A partir do momento do batismo Jesus declara: Este é meu irmão. Esta é minha irmã. Ninguém tem ou terá jamais o poder de tirá-los de mim. Esta consagração do Amor Trinitário por nós é selada pelo Espírito Santo no Corpo Místico de Cristo, e nos torna membros vivos da Igreja, Povo de Deus, herdeiros do Reino.

Sabemos que do interior do Coração de Jesus brotava a sua palavra mais querida: pai! O significado do termo em hebraico, *"Abbá"*, é papaizinho, pai amado, pai querido, nosso pai. Toda oração de Jesus está envolvida e impregnada do amor do Pai. "Tu és meu filho bem-amado. Em ti encontro o meu contentamento" (Lc 3,11). O batismo que Jesus recebeu de João Batista, nas águas do rio Jordão, confirmou a sua unção profética e o investiu do carisma da missão.

A declaração de amor por parte de seu Pai, no dia de seu batismo, ficou de tal modo gravada em Jesus, que se tornou a força geradora e propulsora da sua fé para toda a sua vida. Eis que ele enfrentou todos os desafios, forças contrárias, violência e perseguição até a morte, sempre imbuído da convicção incondicional de ser o filho amado pelo Pai (cf. Is 42,1). Movido por essa certeza, tinha a intrépida coragem de levar a Boa-Nova do Reino de Deus por toda parte, como o Messias, o Ungido de Deus.

6
O valor do silêncio do coração

Entre na morada do seu coração. Procure acomodar-se tranquilamente nessa morada, não tenha pressa, nenhum sobressalto. Acalme-se, você está na presença viva de Deus.

Tome consciência da sua respiração. Limpe os pensamentos de toda preocupação, inquietação, de qualquer natureza de agitação. Reze a oração de Santa Teresa de Jesus:

> Nada te perturbe. Nada te espante. Pois tudo passa. Só Deus não muda. Tudo a paciência por fim alcança. Quem a Deus tenha, nada lhe falta. Pois só Deus basta (*Obras completas de Teresa de Jesus*, São Paulo, Carmelitanas/Loyola, ^{8}2021, 693).

Visualize uma cena onde Jesus está rezando ao Pai. Observe se ele está sentado, em pé, ajoelhado. Suas mãos. Seu semblante. Seu olhar. Sua atitude e postura de quem está compenetrado na oração. Os lábios dele se movem, você percebe se ele está movimentando as mãos ou fazendo qualquer outro gesto? O que ele está querendo lhe dizer? Como ele olha para você?

7
O fascínio de Jesus pelo Pai e o amor para com os pobres

Jesus é apaixonado e fascinado pelo Pai. Vive na sua presença de amor. Quando se retira para orar é para conversar e mergulhar na amável paternidade divina. Deixa-se transportar e transformar pela bondade do Deus Altíssimo.

Deixa-se, docilmente envolver pelo olhar amoroso do Pai. "Tu és meu filho bem-amado.

Em ti encontro o meu contentamento" (Lc 3,11). Essa frase é um mantra que Jesus retém permanentemente na sua mente e coração. Ele tem consciência de ser amado pelo Pai e o ama com todas as suas forças, todo o seu entendimento, toda a sua alma. Conforme a oração diária de todo o judeu piedoso (cf. Dt 6,4-5).

O centro da oração de Jesus é a Providência e Misericórdia divinas. Sua paixão é pelo Reino de Deus. Sua preocupação é fazer a vontade de Deus sempre. Seu compromisso é o de que todos tenham pão, um lugar para morar, um trabalho digno e uma família acolhedora. "Eu vim para que todos tenham vida e a tenham em abundância" (Jo 10,10). Seus ensinamentos são o dom de perdoar e acolher – e também o de sentir-se perdoado –, a arte de superar as provações e tentações, libertar-se dos ataques do Maligno, enfim, passar por este mundo fazendo sempre o bem, como testemunhas vivas e ressuscitadas, como seguidores de Jesus Cristo.

"A boca fala sobre aquilo de que o coração está cheio" (Mt 12,34). O Coração de Jesus é lugar de encontro com Deus. Sendo a oração uma conversação mantida entre um "Eu" e um "Tu", Jesus levava os assuntos ao Pai, e o Pai trazia os seus assuntos a Jesus. Quanta riqueza devia ter esse diálogo entre Pai e Filho, permeado pelo Espírito Santo.

O Coração de Jesus é um coração abrasado de amor e cheio de vida. Nele está gravada e selada a sua missão: Nele está gravada e selada sua missão de fazer com que todos tenham acesso abundante à vida (cf. Jo 10,10). Para Jesus, a vida é prioridade absoluta e está acima de tudo. Na vida se esconde o amor divino e ela, bem cuidada e vivida, é um tributo de louvor e glória ao Deus Altíssimo, o criador. Podemos chamar Jesus de "o Jardineiro da Vida", por causa de seu cuidado com o ser vivente, desde a fase embrionária até o desenlace.

É de fácil compreensão o porquê de Jesus passar longas horas envolvido em comunhão de oração com o Pai. Ele não discutia com o Pai teorias, suposições, "achismos", opiniões e projetos que pudessem favorecer sua pessoa. Em virtude de sua encarnação, é lícito imaginar que Jesus trazia consigo também o cotidiano da vida. Ele era um mestre itinerante, um peregrino do Reino de Deus, um homem do coração sem fronteiras louco por pessoas e pela causa da vida. Sua alegria estava em ver as pessoas de bem com a vida, contentes e realizadas, integradas na sociedade e na família, todos cuidando da casa comum, o nosso maravilhoso planeta Terra.

8
O sofrimento do Coração de Jesus

Um coração que palpitava no sofrimento, pelas angústias e tristezas experimentadas por tantas pessoas, as mais desvalidas ao ver como enfrentavam as dificuldades do seu dia a dia. Esse era o Coração de Jesus, que se indignava com a impiedade com que os ditadores e detentores do poder oprimiam o povo.

Ele denunciava a crueldade e a falta de compaixão da parte dos líderes religiosos para com o povo, especialmente a classe mais humilde, os pobres, os verdadeiros "tesouros de Deus". Indignava-se com o *glamour* da classe política a se beneficiar com os desmandos e corrupção, graças ao trabalho suado, ao sangue derramado dos desvalidos e empobrecidos.

Jesus desafiava os falsos pastores que vendiam ovelhas nos leilões para serem sacrificadas em vez de as proteger; que faziam exploração da mão de obra; o trato desumano e injusto nas relações sociais; os líderes políticos e religiosos que, para satisfazer egos doentios e diabólicos, corrompiam e desfiguravam a imagem de Deus nas carnes humanas sacrificadas nos altares dos ídolos.

No mais íntimo do seu coração misericordioso, Jesus sentia-se contristado ao contemplar o desespero dos famintos, o tormento dos possuídos por demônios, o sofrimento dos enfermos de todo tipo, os abandonados sem-teto que viviam perambulando por toda parte de como "zumbis", semelhantes àqueles que andam pelas ruas da cidade sob efeito de álcool ou drogas à procura de dinheiro, de um pouco de atenção. Indignava-se ao presenciar atos sacrílegos de profanação do Templo sagrado, a casa de seu Pai.

Eis Jesus, o Bom Pastor, tendo diante de si a vida humana carente de um remédio, de uma cura para se libertar dessa situação de inferno que a muitos levava à loucura e ao suicídio.

Ele enfrentou questões preocupantes como as perseguições, as afrontas e ameaças que sofria; os enfrentamentos com as autoridades políticas, religiosas e militares; a mentalidade do povo sobre um Deus vingativo e mau, sempre ameaçando as pessoas com o medo do inferno, um Deus distante cercado de mordomias e súditos encarregados de vigiar e controlar os passos das pessoas; um Deus preocupado em contabilizar e registrar o bem e o mal.

Jesus falava sobre o pecado presente nas estruturas político-econômicas e religiosas, identificando suas fontes na ganância pelo lucro, na dominação e escravidão a que eram submetidos os povos e as classes menos favorecidas.

Diante da ideologia do pão e circo para apaziguar e manter o povo no cabresto e encurralado sob o domínio dos poderosos e dos líderes sanguinários da época, Jesus conversa com seus seguidores e fornece uma formação integral permanente baseada na realidade, alavancando a força da missão centrada no poder do alto, na capacitação da escola do deserto, na força da comunidade dos irmãos e na missão da evangelização e salvação de todos os povos.

9
Jesus escutava com o Coração

Todo ensinamento de Jesus estava na arte do escutar, baseada e estudada no "Shemá" – "Escuta, Israel...". Recordava sempre aos seus discípulos os encontros no monte da Transfiguração, no batismo no rio Jordão, quando o Pai pediu para que todos o escutassem:

Este é o meu Filho... Escutai-o (Lc 9,35). Entra no teu quarto... E teu Pai que escuta te recompensará (cf. Mt 6,6).
Eu faço tudo o que o Pai me pede e manda porque eu o escuto (cf. Jo 5,19; 12,49).

Belíssimo exemplo de humildade e de escuta quando Maria, sua mãe, nas bodas de Caná disse-lhe: "Eles não têm mais vinho" (Jo 2,3). O milagre aconteceu porque Jesus escutou o apelo de sua mãe em prol da dignidade e alegria dos noivos.

Jesus escuta primeiro seu Pai. Sua oração é eficaz e poderosa por causa da sua postura de obediência ao Pai. Obedecer é escutar. Estar com os dois ouvidos em sintonia ao chamado daquele que o ama. Quem ama escuta. Quem escuta ama. Jesus ouvia com os olhos e escutava com o coração e deixava-se contaminar pelo entusiasmo do Espírito Santo.

É fascinante percorrer os passos de Jesus pelos caminhos da Palestina, da Judeia,

Galileia e região. Ele escutava o som da natureza e dos animais. Escutava o som do vento, o som dos mares e rios, o som das nuvens, dos bosques e florestas, do vento e dos céus, escutava as crianças, os homens e as mulheres, os pecadores e doutores, os enfermos e sofredores, escutava os que têm coração bom e os corajosos que mantinham o sonho de construírem uma civilização baseada na justiça, no amor na fraternidade universal.

10
Conclusão

Jesus abraçou o sonho do Deus Altíssimo, seu *Abbá*, que era a implantação do Reino de Deus no meio de nós e a revelação do amor incondicional do seu Pai por toda obra da criação e em especial o amor pelos seres humanos.

Jesus dilacerou o pecado e venceu a morte na cruz, resgatando com o seu sangue a humanidade decaída pelo pecado da desobediência e o descaso com os mandamentos e leis divinas que profanavam e abandonavam o plano salvífico.

Esse abandono da fé nas promessas de Deus foi fomentando a inversão dos valores éticos e morais, gerando o culto aos ídolos e a barbárie da escravidão sobre a humanidade, pervertendo o eixo das relações humanas com o Universo, com a obra da criação e o relacionamento com o Deus vivo e verdadeiro, disseminando o culto da idolatria geradora da cultura de morte.

O pecado privou a glória de Deus no homem e na mulher e desfigurou a sua imagem e semelhança divina na criatura distanciando-a do paraíso celeste e mergulhando-a no mundo das trevas e da perdição.

A verdadeira oração não é algo vazio que se perde na imaginação ou no abismo do espaço cósmico. Rezar é um ato de amor que se aprende amando, é entrar num diálogo com o Tu, criar uma simbiose nas entranhas do ser e se lançar mergulhando no oceano do coração do amado. Assim, Jesus deixou-nos um precioso testamento de amor capaz de restaurar e reintegrar o homem e a mulher no coração de Deus.

Ao responder a seus discípulos, Jesus deu-lhes, a eles e a nós os discípulos do tempo presente, a oração por excelência, o pai-nosso que, selada pelo Espírito de Deus, configurou-se como uma fonte e canal da graça que tem o poder de transfigurar o coração humano por meio da ressurreição de Jesus. Esse mesmo coração, agora transfigurado, torna-se o lugar sagrado da habitação da Santíssima Trindade. "Se alguém me ama, guardará minha Palavra, meu Pai o amará, nós viremos a ele e nele estabeleceremos nossa morada" (Jo 14,23).

CAPÍTULO DOIS

Faça-se a santa vontade de Deus

Neste capítulo será apresentada uma oração de disponibilidade e benevolência. Ela contém uma série de invocações dirigidas à Santíssima Trindade – Pai, Filho e Espírito Santo. É um ato de fé e humildade. Supõe uma confiança incondicional em buscar, encontrar e fazer a vontade de Deus para a maior honra e glória dele.

Rezar cada invocação desta oração é demonstração de um profundo ato de confiança e abandono no poder amoroso do Deus Altíssimo.

Senhor, fazei de mim o que quiserdes, seja o que for. Dou-vos graças. Estou disposto a tudo. Aceito tudo, conquanto a vossa vontade se cumpra em mim e em todas as vossas criaturas (Charles de Foucault).

E Maria disse: "Eis aqui a serva do Senhor. Seja-me feito segundo a tua Palavra" (Lc 1,38).

Jesus clamava: "Pai, se queres, afasta de mim este cálice! Mas não se faça a minha vontade, mas a tua!" (Lc 22,42).

Possamos nós criar o hábito de pronunciar ininterruptamente, oral ou mentalmente cada invocação desta oração que ora se apresenta atuando como uma força curadora dos pensamentos, memórias, imagens, sentimentos, desejos ou de qualquer outra coisa que impede a luz da graça e do amor divino interiorizar-se em nosso ser e transformar nossas vidas.

Submeter-se em tudo à luz da vontade de Deus não isenta o ser humano da responsabilidade de fazer a sua parte na formação e educação da maturidade humana. "Faça como se tudo dependesse de você e espere como se tudo dependesse de Deus." (Cf. Pedro de Ribadeneira, *Vida de Santo Inácio de Loyola*).

Quem se coloca sob a orientação divina não faz diminuir ou elimina a própria liberdade em sua busca de realizar seus sonhos e desejos. O ato de submissão à vontade de Deus é a garantia de que tudo que é feito com a aprovação e colaboração de Deus propicia a realização da graça para qual o ser humano é criado: ser louvor da maior glória de Deus, ou seja, ser feliz nesta vida e na eternidade.

Como foi dito por Santo Irineu, a glória de Deus é o homem e a mulher vivos e a glória do homem e da mulher é ver a Deus e viver para sempre na sua presença de amor em comunhão com a Santíssima Trindade.

As invocações desta oração poderão ser rezadas e repetidas a qualquer hora ou lugar. Ao longo do dia, no caminho para o trabalho ou para a escola, no carro ou na condução, na fila de espera de um atendimento, em qualquer momento ou circunstância.

Procure fixar-se na frase que mais chamar sua atenção ou tocar o seu coração, meditando-a o dia todo. Assim, ela deverá se reverter em um sinal ou confirmação da vontade de Deus.

A vontade de Deus é uma moção de amor que impulsiona o desejo e o querer humanos. É o mistério do *"Fiat voluntas Dei"*, isto é, "Faça-se a vontade de Deus" no mais profundo do ser humano, transformando todas as formas de inquietude, medo, perturbação, obsessão, ansiedade num inefável estado de calma e serenidade.

É próprio do filho consultar os pais e escutar o seu aconselhamento diante das decisões que deve tomar ou desafios a enfrentar. O bom pai sempre quer o melhor para o seu filho. Imaginemos Deus, o nosso criador, que nos ama e só quer o nosso bem, quanto ele não deve se alegrar e se sentir engrandecido em sua glória quando nós o procuramos, submetemos as nossas vontades à sua apreciação e alinhamos os nossos projetos com a sua santa vontade!

Assim procedemos porque fomos criados no amor divino, com plena liberdade, e possuímos dentro de nós o entusiasmo do Espírito Santo. A nós foi dado esse Divino Espírito para ser o nosso guia, sempre nos ajudando a viver em conformidade com os desígnios divinos.

A liberdade humana se apoia e se orienta nos sete dons do Espírito Santo: Sabedoria, Inteligência (Entendimento), Conselho, Ciência, Temor de Deus, Piedade e Fortaleza.

Desta forma, a pessoa que se submete à orientação e escuta do Espírito Santo através do discernimento dos espíritos, uma vez tendo alinhadas as suas vontades à luz da vontade de

Deus, encontrará a solução e o caminho a seguir com segurança. O fruto que brota desse discernimento é a paz interior. Se há paz interior é porque a vontade de Deus está confirmada.

É um falso entendimento concluir que a pessoa que tudo submete à vontade de Deus está sufocando a sua liberdade, deformando a sua personalidade, tornando-se como uma marionete nas mãos de Deus. Essa visão não corresponde ao princípio e fundamento pelo qual o ser humano foi criado. Criado para ser o louvor da Glória de Deus, o homem torna-se, pelo batismo, um filho de Deus e herdeiro de seu Reino. Lembremos sempre o que diz a Sagrada Escritura, sobre a nossa criação: "E Deus disse: Façamos o homem à nossa imagem, como nossa semelhança" (Gn 1,26).

A vontade de Deus é enxertada em nossa alma no momento em que somos gerados e, ao recebermos o sacramento do batismo, somos invadidos pela graça divina, consagrados pelas benditas palavras: Eu te batizo em nome do Pai, e do Filho, e do Espírito Santo. Amém.

Como já dito, a glória de Deus é a vida do ser humano. E a glória do homem e da mulher é viver sempre, aqui e na eternidade, em comunhão com Deus, seu criador. Viver conforme a vontade de Deus não reduz o valor da dignidade do ser humano, mas eleva a dignidade divina presente nele, exaltando no homem a revelação da plenitude da vida eterna.

A oração apresentada a seguir é uma moção do Espírito Santo, que induz aquele que a reza a colocar-se sob o olhar de Deus, fazendo a sua entrega incondicional à santa vontade de Deus. A verdadeira felicidade está refletida nas palavras da oração do Senhor Jesus: "Pai nosso, que estais no céu [...] Seja feita a vossa vontade, assim na terra como no céu".

1
Oração de entrega à vontade de Deus

"Tomai, Senhor, e recebei toda a minha liberdade, a minha memória, a minha inteligência, e toda a minha vontade, tudo o que tenho e tudo o que possuo. Vós mo destes; a Vós, Senhor, o restituo. Tudo é vosso; de tudo disponde segundo a vossa vontade. Dai-me o vosso amor e a vossa graça, que isso me basta" (Santo Inácio de Loyola, *Exercícios espirituais*, n. 234, São Paulo, Loyola, [14]2015).

Faça-se a santa vontade de Deus

Senhor, quero fazer em tudo o que Vós quereis que eu faça.

Senhor, quero vos amar como Vós quereis que eu vos ame.

Senhor, quero ser o que Vós quereis que eu seja.

Senhor, quero viver como Vós quereis que eu viva.

Senhor, quero fazer o bem como Vós quereis que eu faça.

Senhor, quero possuir o que Vós quereis que eu possua.

Senhor, quero amar como Vós quereis que eu ame.

Senhor, quero ir aonde Vós quereis que eu vá.

Senhor, quero rezar como Vós quereis que eu reze.

Senhor, quero permanecer onde Vós quereis que eu permaneça.

Senhor, quero acolher quem Vós quereis que eu acolha.

Senhor, quero estar onde Vós quereis que eu esteja.

Senhor, quero saber o que Vós quereis que eu saiba.

Senhor, quero conhecer o que Vós quereis que eu conheça.

Senhor, quero servir a quem Vós quereis que eu sirva.

Senhor, quero esperar o quanto Vós quereis que eu espere.

Senhor, quero silenciar o que Vós quereis que eu silencie.

Senhor, quero encontrar o que Vós quereis que eu encontre.

Senhor, quero cortar o que Vós quereis que eu corte.

Senhor, quero olhar o que Vós quereis que eu olhe.

Senhor, quero escutar o que Vós quereis que eu escute.

Senhor, quero sentir o que Vós quereis que eu sinta.

Senhor, quero visitar quem Vós quereis que eu visite.

Senhor, quero descansar quando Vós quereis que eu descanse.

Senhor, quero escolher o que Vós quereis que eu escolha.

Senhor, quero deixar o que Vós quereis que eu deixe.

Senhor, quero renunciar ao que Vós quereis que eu renuncie.

Senhor, quero aceitar o que Vós quereis que eu aceite.

Senhor, quero crer no que Vós quereis que eu creia.

Senhor, quero confiar em quem Vós quereis que eu confie.

Senhor, quero desejar o que Vós quereis que eu deseje.

Senhor, quero pensar o que Vós quereis que eu pense.

Senhor, quero falar o que Vós quereis que eu fale.

Senhor, quero partir quando Vós quereis que eu parta.

Senhor, quero entregar o que Vós quereis que eu entregue.

Senhor, quero fazer o que Vós quereis que eu faça.

Senhor, quero parar quando Vós quereis que eu pare.

Senhor, quero ocupar-me com o que Vós quereis que eu me ocupe.

Senhor, quero corrigir o que Vós quereis que eu corrija.

Senhor, quero abandonar o que Vós quereis que eu abandone.

Senhor, quero doar o que Vós quereis que eu doe.

Senhor, quero me aproximar de quem Vós quereis que eu me aproxime.

Senhor, quero ser feliz como Vós quereis que eu o seja.

Senhor, quero alegrar-me com quem Vós quereis que me alegre.

Senhor, quero cuidar de quem Vós quereis que eu cuide.

Senhor, quero falar com quem Vós quereis que eu fale.

Senhor, quero terminar o que Vós quereis que eu termine.

Senhor, quero escrever o que Vós quereis que eu escreva.

Senhor, quero mudar o que Vós quereis que eu mude.

Senhor, quero calar o que Vos quereis que eu cale.

Senhor, quero viajar quando Vós quereis que eu viaje.

Senhor, quero casar quando Vós quereis que eu case.

Senhor, quero ser amado como Vós quereis que eu o seja.

Senhor, quero testemunhar o que Vós quereis que eu testemunhe.

Senhor, quero partilhar o que Vós quereis que eu partilhe.

Senhor, quero adorar-vos como Vós quereis ser adorado.

Senhor, quero alegrar-me como Vós quereis que eu me alegre.

Senhor, quero ver o que Vós quereis que eu veja.

Senhor, quero andar por onde Vós quereis que eu ande.

Senhor, quero interceder por quem Vós quereis que eu interceda.

Senhor, quero trabalhar onde Vós quereis que eu trabalhe.

Senhor, quero meditar o que Vós quereis que eu medite.

Senhor, quero me desfazer do que Vós quereis que eu me desfaça.

Senhor, quero guardar o que Vós quereis que eu guarde.

Senhor, quero namorar quem Vós quereis que eu namore.

Senhor, quero ser amigo de quem Vós quereis que eu seja.

Senhor, quero morrer quando Vós quereis que eu morra.

Senhor, quero sonhar com o que Vós quereis que eu sonhe.

Senhor, quero purificar-me do que Vós quereis que eu me purifique.

Senhor, quero valorizar o que Vós quereis que eu valorize.

Senhor, quero entender o que Vós quereis que eu entenda.

Senhor, quero aconselhar quem Vós quereis que eu aconselhe.

Senhor, quero contemplar o que Vós quereis que eu contemple.

Senhor, quero pedir o que Vós quereis que eu peça.

Senhor, quero vos seguir por onde Vós quereis que eu vos siga.

Senhor, quero sorrir como Vós quereis que eu sorria.

Senhor, quero socorrer quem Vós quereis que eu socorra.

Senhor, quero o que Vós quereis.

Toda a vida e missão de Jesus foi um "Faça-se a vontade Deus".

Meu alimento é fazer a vontade daquele me enviou (Jo 4,34).

Porque não procuro a minha vontade, mas a vontade daquele que me enviou (Jo 5,30).

Mas não se faça a minha vontade, mas sim a tua (Lc 22,42).

Fazer a vontade de Deus era o verdadeiro enlevo de Jesus, e o que o mantinha em comunhão com o Deus Altíssimo, seu *"Abbá"*. Essa interação mística era a base que sustentava a sua prática libertadora. Era o que o impelia a sair de si em direção ao próximo para lavar seus pés e enxugar suas lágrimas.

Seu brado se repetia, insistente: "O Espírito do Senhor está sobre mim; porque ele me consagrou com o óleo, para levar a Boa-Nova aos pobres; enviou-me para proclamar aos prisioneiros a libertação e aos cegos a recuperação da vista; dar liberdade aos oprimidos, e proclamar o ano de graça do Senhor" (cf. Lc 4,18).

Deus coloca o "querer" – que rege o "agir" – no coração humano, e a inquietude em que a alma vive nessa busca, somente irá se acalmar quando o homem repousar em Deus.

A nossa angústia é o reflexo da angústia do nosso próximo, que luta para se libertar do mal, das amarras do Maligno. A nossa angústia é essa luta para nos livrarmos do mal, do pecado individual e social, pois todos somos um só corpo em Cristo Jesus Ressuscitado. Tudo nos afeta: somos um corpo de pecado em processo de regeneração pela graça divina. Essa misericórdia divina nos é derramada diariamente pelo amor de Deus, que age em nós através de sua santa Palavra e dos sacramentos, sinais de salvação.

Quanto mais consciência tivermos das nossas misérias, mais crescerá em nós a percepção do quanto necessitamos do perdão e da misericórdia divina. E assim, mais avançamos no processo de conversão e de santidade. "Esta é a vontade de Deus, a vossa santificação" (1Ts 4,3).

Essa atitude de rezar sem cessar, "Faça-se a vontade de Deus em tudo" é uma moção que se instala no coração humano, o qual se abre quando atraído pela voz do Altíssimo lhe dizendo: *"Si vis"* – se queres –, eu também quero: Faça-se!

Essa foi a atitude imediata, resoluta de Maria, em resposta ao anúncio do Anjo: "Eis aqui a serva do Senhor. Seja-me feito segundo a tua Palavra" (Lc 1,38).

Faça como se tudo dependesse de você, sabendo bem que, na realidade, tudo depende da vontade de Deus. O segredo é encontrar o valiosíssimo tesouro chamado "a vontade de Deus" e a felicidade consiste, com a graça de Deus, em realizá-la plenamente.

2
Conclusão

A vontade de Deus é que a vida de amor, em que somos criados, cresça e amadureça em nós, atingindo a plenitude da vida eterna. Deus nos quer santos, assim como ele é santo. Sua vontade permeia toda a história e baila no espaço sideral. A grandeza de Deus está na imensidão do cosmos e sua presença se revela no silêncio dos corações humanos e no dinamismo latente, sempre surpreendente, das obras da criação.

Somente o amor ágape é capaz de justificar e nos convencer do quanto somos amados pelo Deus Altíssimo. É esse amor que nos faz compreender o mistério da "loucura da cruz", quando Jesus derrotou o pecado e venceu a morte como prova cabal desse amor incondicional do Pai, do Filho e do Espírito Santo. Sua morte, isto é, sua entrega incondicional à vontade do Pai, devolveu-nos – e definitivamente selou em nós – a paternidade divina e a dignidade da filiação humana.

Aqueles que fazem a vontade de Deus, tenham certeza, estão sob a bênção e promessa da Palavra que diz: "O olho não viu, o ouvido não escutou, nem o coração humano imaginou tudo o que Deus preparou para aqueles que o amam" (cf. 1Cor 2,9) e fazem sua santa vontade.

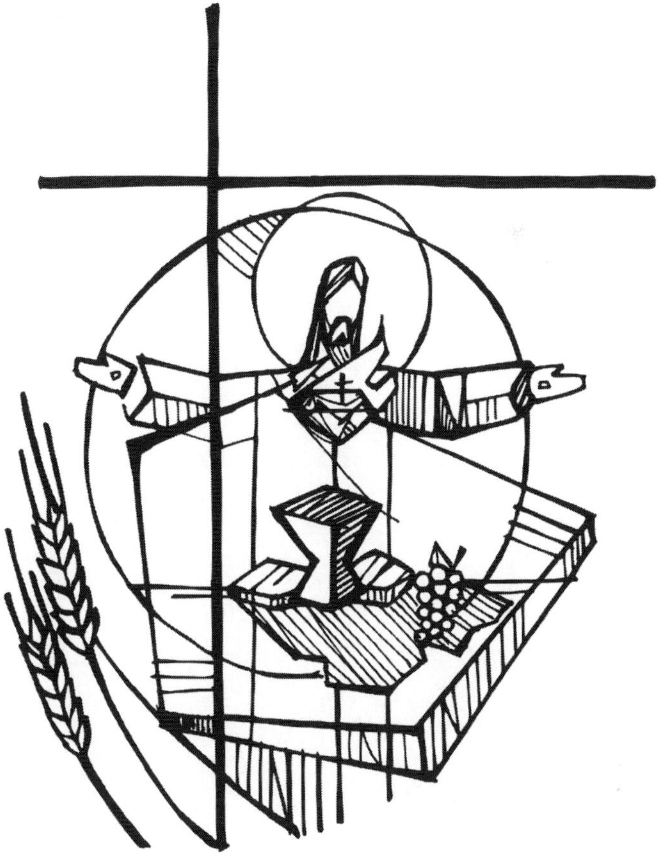

CAPÍTULO TRÊS

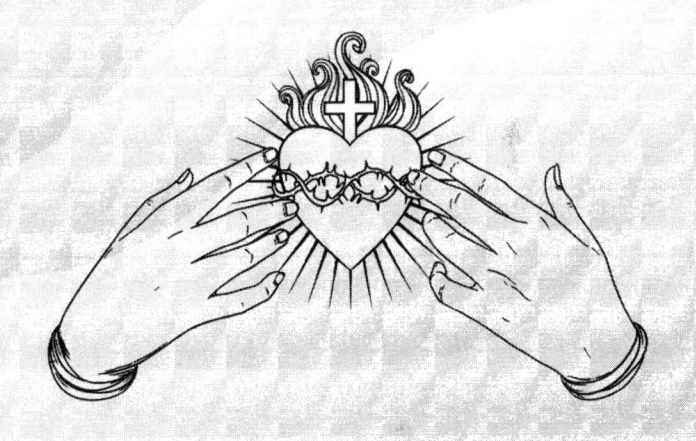

A novena do pai-nosso

Jesus, ensina-nos a rezar!

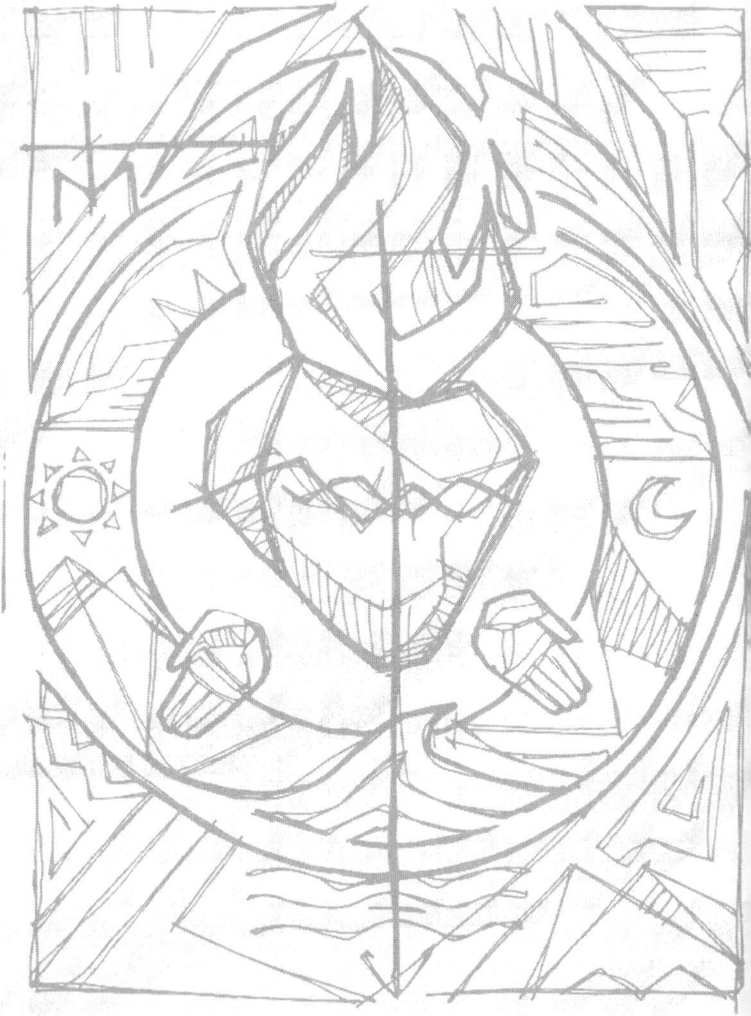

1
Apresentação

Esta parte do livro tem a finalidade de propiciar ao coração que ama um despertar para a oração. Os seres humanos rezam, quer dizer, elevam seus corações ao infinito em busca do Absoluto. O termo religião quer dizer "religar", conectar o humano ao divino. Se é bem verdade que o homem anseia por conhecer e amar a Deus, bem mais verdade é que Deus deseja e quer viver em comunhão de amor com os seres humanos neste mundo e na eternidade. Há uma sede de Deus no íntimo de cada pessoa que causa inquietação. Somente se ameniza essa inquietude à medida em que o ser humano aprende a rezar. Assim sendo, compus esta novena como um convite àqueles que estão em busca de aprender a rezar. E nada mais apropriado que fazer uma experiência a partir da "Oração do Senhor", a qual denominei a "Novena do pai-nosso" com o subtítulo "Jesus, ensina-nos a rezar!".

2
Introdução

A "Novena do pai-nosso", uma inspiração do Espírito Santo, nasceu no ano de 2018, quando, como dirigente espiritual, acompanhei um grupo em viagem de peregrinação à Terra Santa, à cidade de Jerusalém. Numa tarde tivemos um tempo livre para compras, visitas, descanso. Após o almoço, fui para o alojamento a fim de relaxar. Era uma tarde fria e chuvosa. Sono leve, um breve cochilo e despertei com uma forte intuição, como se fosse um chamado: Vá à gruta do pai-nosso.

Levantei-me rapidamente e tomei um táxi com destino à "Gruta do pai-nosso".

Após breve visita e oração na gruta, e por estar ali bem próximo, aproveitei e fui visitar o Cenáculo, local onde Jesus, à vista dos discípulos, subiu aos céus. Permaneci ali um tempo em oração, descalço sobre a pedra que Jesus pisou quando foi elevado aos céus. De repente, sobreveio-me novamente forte intuição, uma fala interior: Volta à gruta do pai-nosso. De pronto saí e me dirigi apressadamente à Gruta. À entrada, comprei, ali na loja, um terço de madeira e entrei na Gruta. Depois de um tempo orando e meditando sobre o pai-nosso, me senti tocado por uma graça que me deixou fascinado por esse local de indizível paz, e se intensificou em mim, ainda mais, o fervor e amor pela "Oração do Senhor", o pai-nosso.

Desde esse momento em diante, passei muito tempo meditando... Que sinal de Deus, afinal, estava por detrás dessas inspirações? Que ligação poderia haver entre o Cenáculo e a Gruta do pai-nosso? Por que fui impulsionado a comprar o terço de madeira na loja do Carmelo?

Nas linhas abaixo respondo a esses questionamentos que me fizeram mergulhar nessa belíssima oração e apaixonar-me pelos ensinamentos do Mestre contidos nessa verdadeira relíquia virtuosa, que se tornou um sacramento de amor entre os seguidores de Jesus Cristo, e que continua a induzir milhares de pessoas a um maior conhecimento dessa fonte de cura e de transformação de vidas.

3
A arca do tesouro

A oração do pai-nosso é um precioso tesouro escondido em nosso coração, que exige de nós um espírito de aventura, coragem, determinação para correr riscos e assim mergulhar no mais profundo de nós mesmos, encontrando essa pérola preciosa que é a pessoa de Jesus Cristo.

Acontece algo fascinante todas as vezes que nos propomos com fé e ousadia a rezar a Oração do Senhor como Jesus nos ensinou. Ela nos inquieta, provoca e move pela ação do Espírito Santo a irmos além da mera recitação de uma fórmula, fazendo-nos adentrar no mistério inefável de Deus escondido no Coração de Jesus.

Ao longo da história, encontramos uma gama de escritos e meditações que relatam casos e mais casos de hereges, pagãos, curiosos e céticos que experimentaram profunda transformação e conversão em suas vidas, tocados pela graça da Oração do Senhor. Além de menções sobre como essa oração veio saciar abundantemente os sedentos e famintos de espiritualidade que viviam em busca de respostas diante das questões fundamentais: De onde viemos? Para onde iremos? Qual o sentido da vida?

O pai-nosso é a ciência do coração que ama, de onde jorra uma fonte inesgotável de sabedoria e emana uma força capaz de preencher o vazio da existência humana. Além de dar sentido à nossa vida, e fortalecer em nós os vínculos afetivos com a Santíssima Trindade e as relações de fraternidade e justiça com a humanidade.

Mas, a bem da verdade, ao longo dos séculos a oração do pai-nosso foi se desgastando e perdendo a sua aura místico-salvífica, uma vez que foi sendo rezada desleixadamente e de modo leviano em lugares e ocasiões impróprias.

Vemos hoje pessoas que rezam essa oração sem o mínimo respeito, em qualquer lugar e em situações esquisitas... Fazem dela uma oração pagã, esotérica, mesclada de mandingas e sortilégios. Atribuem a ela como que uma força mágica capaz de oferecer resultados imediatos. Desconhecem a pessoa do Mestre que a criou e ensinou aos seus discípulos.

4
O criador da oração

A oração do pai-nosso foi sonhada, composta, rezada e ensinada pelo Verbo de Deus, que se fez homem e habitou entre nós: Jesus, o Filho de Deus, o Cristo Senhor e Salvador do gênero humano. Sua paixão por Deus, pelo seu *Abbá,* era um fascínio que todos que o conheciam podiam perceber: ele tinha verdadeira "loucura de amor" pelo seu papai querido. Seus olhos brilhavam e de seu rosto emanava uma luz... Suas palavras eram envolventes e ele as pronunciava com carinho e ternura. Somente um ser humano movido por grande misericórdia seria capaz de criar e proclamar uma oração de tal leveza e poesia, oferecida ao Deus Altíssimo.

5
Vidas são transformadas

Incontáveis são os relatos e testemunhos de pessoas que mergulharam de corpo e alma nessa oração e tiveram suas vidas transformadas como "da água para o vinho". Estavam perdidas ou se viam completamente desiludidas, caídas no fundo do poço. Experimentavam a miséria espiritual de uma vida vazia. Pessoas feridas, magoadas, com baixa autoestima, carregando seus remorsos e complexos de culpa, e que, afinal, pela grande misericórdia do Senhor, conseguiram se perdoar e dar o perdão aos que as feriram.

Pessoas viciadas em jogos de azar, drogas, bebidas alcoólicas; sofrendo desregramento sexual... Pessoas rancorosas, trazendo no coração sentimento de vingança, outras, dependentes de medicamentos paliativos...

Pessoas que viviam solitárias, abandonadas pela família... Fechadas em si, viviam tristes, sem esperança; mal-amadas e revoltadas, constantemente perseguidas pelo terror do suicídio... Também se relatam casos de pessoas portadoras de doenças desconhecidas, fobias, com mania de perseguição, síndrome do pânico...

Todo um exército de sofredores que, uma vez livres, levantaram-se e tomaram as rédeas de suas próprias vidas. Movidos pela decisão de confiar no poder misericordioso do Pai do Céu, seguiram em frente sem medo de serem felizes e realizados, na condição de verdadeiros filhos de Deus.

Seriam necessários anos de pesquisa em livros e publicações para se trazer à luz do conhecimento os depoimentos e testemunhos sobre as maravilhas operadas por essa prodigiosa oração nas vidas humanas ao longo da história.

Assim sendo, movido pelo Espírito Santo, idealizei esta novena, e há vários anos a venho rezando e meditando. E me sinto cada vez mais fascinado pelo poder do amor de Deus. A força que emana dessa poderosa oração faz jorrar a misericórdia divina, curando e libertando dos males e pecados a nossa alma.

Ouvindo os relatos das pessoas que acompanho na orientação espiritual, constato o milagre da transformação de suas vidas pelo poder da oração do pai-nosso, a Oração do Coração que Ama.

6
Explicando o termo "novena"

Encontramos no livro dos Atos dos Apóstolos (cf. At 1,1-11) o relato de que passados quarenta dias de sua morte e ressurreição, Jesus subiu aos céus, com a promessa aos seus discípulos de que lhes enviaria o Espírito Santo. Esse período entre a ascensão de Jesus ao céu e a descida do Espírito Santo perfaz nove dias, e tem uma correlação com a criação de uma devoção popular chamada "novena".

Podemos dizer que foi na comunidade de Jesus – ou seja, o grupo dos apóstolos e os diversos discípulos, incluindo algumas mulheres – reunida no Cenáculo com Maria, o lugar onde nasceu a primeira novena. Esse período é uma série de nove dias de louvores à Santíssima Trindade. São três dias dedicados ao Pai, três dias dedicados ao Filho e três dias dedicados ao Espírito Santo. "Três" é número perfeito. Três vezes três perfazem nove.

A prática de nove dias de adoração, louvor e súplica confirma a nossa fé em Deus Pai que nos ama – por intermédio do Filho Jesus que nos salva, e do Espírito Santo que nos santifica – em comunhão com a Virgem Maria, São José e toda a corte celeste.

7
A dinâmica inter-relacional da novena

Existe uma interligação entre:

- As três pessoas da Santíssima Trindade: o Pai, o Filho e o Espírito Santo;
- As quatro forças da natureza: a terra, o fogo, a água e o ar;
- As duas naturezas presentes em Cristo: a divina e a humana.

Assim temos, nessa somatória, o número nove que dá consistência à fórmula da novena. Essa inter-relação nos evidencia a comunhão entre Deus Uno e Trino, a obra da criação e a humanidade divinizada em Cristo.

O período de nove dias da novena tem correlação com os nove meses que perdura a gestação de um ser humano no ventre materno. E esse período de oração nos leva a um exame de consciência do ser e do agir de cada cristão. Apresenta-nos um questionamento do compromisso que o cristão deve assumir, solidário no processo da evangelização.

8
O despertar consciente da fé

Esta novena tem por objetivo um despertar ou uma renovação consciente da fé que motive o orante a contemplar, com os olhos da alma, as maravilhas que emanam dessa joia preciosa da oração, uma verdadeira pérola, escondida em seu coração.

Rezar a novena é ir além da repetição de fórmulas. É buscar pronunciá-la conscientemente, de maneira respeitosa e digna. Jamais de forma automática, repetitiva. Não se trata de uma oração de simpatia ou sortilégio, que produz resultados como em um passe de mágica.

Essa oração precisa, antes de tudo, ser desejada e gestada no coração com amor, pois cada palavra é uma semente sagrada, lançada com fé no mais íntimo de nosso ser. Semente que, sob a força do Espírito Santo, germinará abundantemente, quebrando toda dureza de coração, fazendo superar a crise de fé e assim induzindo todo o ser a mergulhar no oceano do Divino Amor.

Durante a novena, devemos recorrer ao Espírito Santo e pedir com ousadia, como fizeram os discípulos de Jesus: Mestre, ensina-nos a rezar e aumenta a nossa fé! (cf. Lc 11,1.17,5).

A oração do pai-nosso é a chave que abre a porta do Céu e as portas da felicidade na terra.

Fortalece em nós os vínculos de amor, com Deus e com a humanidade, e nos torna verdadeiros cuidadores do planeta Terra, a casa comum, o lugar privilegiado e abençoado onde habitamos.

9
O que é necessário para se alcançar a graça desejada?

- Querer aprender a rezar bem a oração do pai-nosso.

- Pedir ao Espírito Santo que seja o nosso Orientador Espiritual.

- Agradecer a Deus pela revelação do mistério escondido no pai-nosso.

- Suplicar incessantemente: Senhor, ensina-nos a rezar!

10
A fé, alavanca da oração

Rezar a novena do pai-nosso é experimentar o poder da oração que liberta, salva e cura através do amor e do perdão. Cada petição do pai-nosso é uma etapa da vida que vai se revelando e se transformando. Palavras que fazem renascer a vida nova no Amor do Pai misericordioso.

A novena do pai-nosso rezada com absoluta confiança desperta o desejo de santidade e de estudar os desígnios de Deus. Rompe com a banalidade, a intolerância e a fatalidade da vida. Liberta nosso dia a dia da mesmice, da rotina sem graça. Desinstala a pessoa da sua zona de conforto e a projeta para frente, com o olhar cheio de esperança. "Tudo é possível para aquele que crê" (Mt 9,23), disse Jesus.

A oração do pai-nosso nos desperta do sono da passividade, da ociosidade, da mediocridade. Impulsiona-nos para a vida e nos ajuda a enfrentar os problemas e desafios. Liberta-nos do sentimento de derrota e perda. Ajuda-nos a olhar a realidade com mais discernimento e sabedoria.

A cegueira espiritual impede as pessoas de se enxergarem como filhos amados de Deus, que as criou para a sua glória, destinadas a amar e serem amadas, felizes aqui e na eternidade, em comunhão de amor com a Santíssima Trindade. Quem se sente amado passeia no coração de quem ama.

11
Uma oração de cura e libertação

Sim, com certeza a novena consegue tirar do cárcere da sua mente doentia aquele que se acha refém. Liberta-o do poço da miséria, onde se fez um escravo sob o domínio do pecado. Aquele que se encontra jogado no covil das traças ou às margens das estradas da vida, perambulando como um zumbi desfigurado, atormentado pela ideia de suicídio.

O Espírito Santo, com sua ação, o impulsiona a levantar-se. Renova sua fé e o liberta desse emaranhado de demônios que o mantinham sob tortura psíquica e espiritual.

A poderosíssima e libertadora Oração do Coração, ensinada por Jesus Cristo, o médico das almas e terapeuta da humanidade, realiza esse milagre.

> Jesus, Misericórdia! Tem piedade de nós que somos pecadores, aumenta nossa fé e ensina-nos a rezar.

A oração do pai-nosso é uma devoção do tempo presente, pois hoje é o primeiro dia do restante de nossas vidas. As sete petições nela contidas estão fundamentadas na realidade do aqui e agora:

- a santificação do nome do Pai
- a expectativa da vinda do Reino
- o fazer a vontade divina
- a partilha do pão cotidiano
- o dar e o pedir perdão
- a superação das tentações e provações
- o livramento do Maligno e de suas seduções

A oração do pai-nosso é um eficaz remédio que cura as nossas doenças físicas, psíquicas, emocionais e espirituais.

Sua força está nas palavras sagradas que foram escolhidas, ungidas e pronunciadas amorosamente por Jesus. É o Filho que ora ao Pai no Espírito Santo. Cada palavra, transmutada no oceano do amor divino, é um imã que atrai tudo para o Coração de Jesus.

O pai-nosso é a oração do coração que ama. Os místicos nos ensinam que rezar é amar e amar é rezar. Aquele que ama sabe rezar, e quem reza sabe amar. Os discípulos, na verdade, pediram a Jesus: Mestre, ensina-nos a amar! E Jesus, então, os ensinou a rezar com palavras de amor.

O pai-nosso é mais que uma oração de petição: é um programa de vida e santidade na escola de Jesus. Sua iniciação acontece no dia do nosso batismo, quando recebemos a oração do pai-nosso como uma herança que nos confirma e que, legitimando a nossa filiação divina, motiva-nos a ser verdadeiros discípulos e missionários de Cristo. Unge-nos para a missão como sacerdotes, sacerdotisas, profetas, profetisas, reis e rainhas trabalhando pela causa do Reino, que é a edificação da Igreja e a santificação do povo de Deus.

12
Um novo sentido à oração do pai-nosso

A partir de hoje a oração do pai-nosso dará um novo sentido para nossas vidas. Podemos crer! Ao rezarmos a Oração do Senhor, lembremos que é o Filho que ora ao Pai, no Espírito Santo. É Jesus que, em nós, conosco e através de nós, ora ao Pai pelo Espírito que nos é dado, para vir derramar em nossos corações o amor de Deus (cf. Rm 5,5). Por isso podemos chamar a Deus de Pai. É como se a pessoa que reza dissesse a Jesus: Eu permito. Toma, Senhor, todo o meu ser, tudo o que eu sou e o que eu tenho, e reza em mim, comigo e através de mim pelo Espírito Santo ao Pai.

E, com os braços levantados, os olhos bem abertos, o semblante descontraído, em atitude de abandono nas mãos do Espírito Santo, ousamos sempre dizer, com alegria e plena confiança: Pai nosso, que estais nos céus...

Gosto de imaginar que na cruz, antes de pronunciar as sete últimas palavras, Jesus tenha rezado a oração do pai-nosso ao se dirigir ao Pai. Essa oração sempre o acompanhou, dia e noite, em sua peregrinação terrestre, como um mantra sagrado que ele mantinha no coração e que ecoava pelos lábios, em comunhão com o Pai amoroso. Em todo momento ou sob quaisquer circunstâncias, Jesus a rezava. No silêncio do coração, em total intimidade com seu Pai, mantendo-se na presença dele, Jesus a pronunciava.

A novena deve ser feita com toda fé, determinação e fervor. O orante deve ter a consciência de que está na augusta presença de Deus e, com absoluta confiança, depositar seus pedidos e intenções nas mãos do Pai celeste.

Muita atenção para não criar expectativas de resultados imediatos, e assim tirar conclusões precipitadas. Saiba esperar a hora de Deus. A resposta pode vir no primeiro dia ou em outro dia ou no final da novena. A primeira intenção é aprender a rezar. Quem reza não fica esperando resultados imediatos, mas vive na graça da espera do tempo de Deus. E busque, em primeiro lugar, o reino de Deus, acreditando que tudo o mais lhe será, a seu tempo, acrescentado (cf. Mt 6,33).

Quem reza procura colocar-se na presença de Deus e ora a partir da Palavra do Senhor, centrado na graça que deseja alcançar. Alinhar o que quer e deseja com a vontade de Deus, orando no coração: Senhor, seja feita a vossa vontade. O sinal de confirmação da graça a ser alcançada está no sentimento de paz e gratidão que toma conta de nosso coração.

Faça a novena como se tudo dependesse somente de você e espere como se tudo dependesse somente de Deus. Procurar sempre a vontade de Deus em tudo e que tudo seja feito para a maior honra e glória do Pai, para a edificação da Igreja e santificação do seu povo.

13
Roteiro da novena do pai-nosso

Este roteiro é uma sugestão, nada impede que sejam utilizadas fórmulas alternativas para a oração. Inspirei-me nos textos do *Catecismo da Igreja Católica*, pela riqueza de seu conteúdo, que nos será de grande valia para rezarmos em sintonia com a tradição da Igreja.

13.1. Saudação – *Em nome do Pai, do Filho e do Espírito Santo. Amém.*

13.2. Invocação do Espírito Santo

Vinde, Espírito Santo, enchei os corações dos vossos fiéis e acendei neles o fogo do vosso amor. Enviai o vosso Espírito e tudo será criado, e renovareis a face da Terra.

Deus, que instruístes os corações dos vossos fiéis com a luz do Espírito Santo, fazei que apreciemos retamente todas as coisas segundo o mesmo Espírito e gozemos sempre da sua consolação. Amém.

13.3. Intenção do pedido ou graça desejada

Fale ou escreva o seu pedido. Procure ter um vaso de oração ou um caderno de intenções.

13.4. Distribuição dos temas para cada dia

1º dia:	Pai-nosso, que estais nos céus	(Catecismo – nº 2786-2796)
2º dia:	Santificado seja o vosso nome	(Catecismo – nº 2807-2815)
3º dia:	Venha a nós o vosso reino	(Catecismo – nº 2816-2821)
4º dia:	Seja feita a vossa vontade	(Catecismo – nº 2822-2827)
5º dia:	O pão nosso de cada dia nos dai hoje	(Catecismo – nº 2828-2837)
6º dia:	Perdoai-nos, assim como perdoamos	(Catecismo – nº 2838-2845)
7º dia:	E não nos deixeis cair em tentação	(Catecismo – nº 2846-2849)
8º dia:	Mas livrai-nos de todo mal	(Catecismo – nº 2850-2854)
9º dia:	Pois Vosso é o reino, o poder e a glória	(Catecismo – nº 2855-2856)

Cada dia leia e medite sobre o respectivo tema que se encontra no Catecismo. Cada um se revela como verdadeira fonte de sabedoria para aprofundarmos o nosso conhecimento sob a inspiração do Espírito Santo.

Ó Espírito Santo, fortalecei a nossa fé, esperança e caridade. Dá-nos intenso fervor para buscar o amor de Deus em nossas vidas. Suscita em nós o sentimento de comunhão com a Igreja, solidários com a humanidade.

13.5. Rezar três pai-nossos em honra da Santíssima Trindade

13.6. Oração de encerramento

Deus nosso, Pai querido, rico em ternura e misericórdia, nós vos louvamos e agradecemos por nos revelar e ensinar a oração que Jesus rezava com tanto amor. Fazei crescer em nosso coração o dom do amor e da gratidão, nos alegrando todas as vezes que rezarmos com fé e confiança a oração do pai-nosso. Isto vos pedimos em nome de Jesus, o vosso Filho, que convosco vive e reina em comunhão com o Espírito Santo. Assim seja. Amém.

14
Passos para a oração (sugestões)
Leitura – meditação – oração – contemplação

1º passo: Leitura
Acolher a Palavra de Deus
ou outro texto apropriado

Aqui nós lemos o texto que foi escolhido, procurando estar envolvidos, inteirados do que ele diz, em seus detalhes como, por exemplo: o ambiente em que acontece o relato, o desenrolar dos acontecimentos, os personagens, os diálogos e a reação que provocam, as questões mais interessantes, as palavras e passagens que mais chamam a atenção...

2º passo: Meditação
O que o texto fala para nós?

Este é o momento de nos colocarmos diante da Palavra, de escutar a Palavra. É hora de "ruminar", saborear a Palavra de Deus. Na meditação, vamos questionando, confrontando a passagem bíblica – ou o texto escolhido – com a nossa vida por meio do Espírito Santo. Deixamos que a Palavra entre no nosso coração. Nós simplesmente a acolhemos. Aqui Deus fala e nós o escutamos.

3º passo: Oração
O que o texto nos faz responder ao Senhor?

A oração nasce como fruto da meditação. Os sentimentos nos levam a dar uma resposta a Deus. O louvor, a súplica, a oração penitencial, a oferta e a adoração nos sãos suscitados através do Espírito Santo. Aqui nós falamos e Deus nos escuta!

4º passo: Contemplação
O que o texto opera em nós?

É o próprio Deus que age em nossas vidas pela ação do Espírito Santo. E nós? Nossa postura é a de permitir a ação de Deus, que recebe a nossa oração e nos leva até o seu coração. Surgem então as inspirações, moções, apelos, clarividência, respostas... É como se Deus nos dissesse: Que tal fazer isto? Ou fazer deste outro jeito?

E o nosso coração se abre à exortação de Maria, no episódio das Bodas de Caná: "Fazei tudo o que ele vos disser!" (Jo 2,5).

15
Preparação para a novena

Escolha o dia de início e término. Providencie: uma Bíblia, o Catecismo da Igreja Católica, um caderno de anotações e caneta. Escolha o lugar e faça ali o seu altar de oração. Seja fiel ao horário escolhido. Siga o roteiro para a novena, conforme item 13 e seus subitens 13.1 a 13.6.

Ao escolher o tema do dia, seguir os passos indicados e terminar com a oração de encerramento.

A leitura dos textos de cada artigo do Catecismo vai nos motivar a buscar e encontrar a vontade de Deus. Os quatro passos para a oração da novena (item 14) são o desenrolar de uma conversa entre duas pessoas que respeitosamente dialogam entre si. Ora uma fala e a outra escuta e vice-versa, em uma postura de recíproco respeito, ambas valorizando o momento de silêncio entre uma e outra.

O silencioso "saber ouvir" é fundamental para o diálogo. O que satisfaz a alma humana é muitas vezes o tempo de que dispomos para saborear as palavras que brotam da sincera amizade do outro: isso é a perfeita interação entre duas pessoas que se querem bem e estão buscando o melhor para aquele momento da vida.

Apresento a você, leitor, a proposta que poderá ajudá-lo a fazer bem a novena e obter dela frutos e bênçãos. O texto da Oração do Senhor, o pai-nosso, encontra-se no Catecismo da Igreja Católica, nos números 2777-2865.

À medida que lemos e meditamos a Palavra de Deus, os ensinamentos e orientações do Catecismo da Igreja Católica, vamos nos comprometendo a colocar tais ensinamentos na rotina de nossa vida. "Toda Escritura inspirada por Deus é útil para ensinar, convencer, corrigir e educar na justiça, para que o homem de Deus seja perfeito, capacitado para qualquer boa obra" (2Tm 3,16-17).

16
Conclusão

A Oração do Senhor, o pai-nosso, é o resumo de todo o Evangelho.

Santo Agostinho nos diz: "Percorrei todas as orações que existem na Sagrada Escritura; não creio que possais encontrar uma só que não esteja incluída e compendiada nesta oração dominical" (*Catecismo da Igreja Católica*, n. 2762). A oração dominical é a mais perfeita das orações. As reflexões sobre o Catecismo da Igreja Católica servirão como motivação para fazermos a novena; os textos, as citações de rodapé são uma verdadeira fonte de catequese e alimento para a alma.

A leitura, a meditação, a oração e a contemplação dos textos dos evangelhos, bem como as citações dos documentos da Igreja darão um novo alento e entendimento do valor e da riqueza da Oração do Senhor, o pai-nosso!

É uma maravilha do Espírito Santo a revelação do quanto somos amados e queridos pela Santíssima Trindade que habita em nós (conforme se lê em João 14,23) e que se manifesta prodigiosamente no Universo e em todos os seres criados para o louvor da glória de Deus. Sob esse maravilhar-se caminha a Igreja, Povo de Deus, em oração e comunhão.

A oração do pai-nosso é uma oração de interação que brota do Coração de Jesus e se estende a todos os corações humanos, fazendo crescer neles o amor a Deus e ao próximo.

É impossível que alguém que percorra todos os "passos" desta novena com amor no coração não se sinta impulsionado a clamar a todo instante, sob o ardor da chama da misericórdia divina: "Sagrado Coração de Jesus, fazei o meu coração semelhante ao vosso!" E mais, é impulsionado a viver de amor por Jesus e se entregar incondicionalmente a cooperar com a construção do reino de Deus, reconhecendo em cada pessoa o rosto humano de Deus.

A oração do pai-nosso é um programa de vida. As altas afirmações contidas nessa oração deveriam inspirar até mesmo os planos de governos, as instituições, as elaborações das leis e normas de uma nação. É a carta magna para todos os que desejam e trabalham em prol da vida em todas as suas dimensões e na construção da cultura da paz. É a síntese da vida e missão de Jesus, é a força geradora da ousadia e da coragem para assumirmos os desafios do nosso tempo. Pai nosso que vive nos céus e Pão nosso para os que vivem na terra.

Pai nosso, que estais nos céus, santificado seja o vosso nome. Venha a nós o vosso reino. Seja feita a vossa vontade, assim na terra como no céu. O pão nosso de cada dia nos dai hoje. Perdoai-nos as nossas ofensas, assim como nós perdoamos a quem nos tem ofendido, e não nos deixeis cair em tentação, mas livrai-nos de todo mal. Pois vosso é o reino, o poder e a glória. Amém.